Es heißt, das Poesiealbum sei immer noch nicht aus der Mode gekommen oder es sei wieder in Mode gekommen, wenn auch nicht gar so sehr wie vor Zeiten, als die Großmutter noch ein Kind war und sich von Eltern und Lehrern, Nachbarn und Freundinnen Wünsche und Ratschläge, Weis- und Klugheiten auf den Weg mitgeben ließ, in Zitaten, überlieferten oder selbstgeschneiderten Sprüchen, als Poesie – wenn schlicht Gereimtes zu lachhaftem oder moralischem Zweck der Einfachheit halber als Poesie bezeichnet werden darf. Wir denken an Sprüchlein wie dieses: »Sei fromm und froh und laß das Grübeln, dann bleibst Du frei von allen Übeln.« Oder: »Sei fleißig wie ein Bienchen, treu wie ein Kaninchen, sauber wie ein Kätzchen, dann kriegst Du auch ein Schätzchen.«

Mit dieser Sammlung gehen wir der Frage nach, ob es nicht doch möglich sei, dem alten Behältnis Poesiealbum einen neuen Inhalt einzugeben, ohne das Alte ganz und gar aus der Sprache zu verlieren. Denn auch Goethe, zum Beispiel, gehört, bedenkt man sein Alter, zum Alten; und doch hat er Empfehlungen gegeben, die geeignet sind auf- und abgeschrieben zu werden: »Man sollte alle Tage wenigstens ein kleines Lied hören, ein gutes Gedicht lesen, ein treffliches Gemälde sehen und wenn es möglich zu machen wäre, einige vernünftige Worte sprechen.« Oder Lichtenberg zum Beispiel: »Wie abgeschmackt ist alles ohne Dich, die Welt sieht mir aus wie eine kalte leere Stube, und die neuesten Dinge als ich sie schon 3 mal gesehen hätte.«

Zugegeben, ein Gedicht von Brecht oder eines von Morgenstern ist kein Jux (wie: Es haut der Förster seine Föhren, es haut die Magd die Türen zu, es haut der Lehrer seine Gören, in meinem Herzen haust nur Du!), reizt nicht aufzulachen, doch beide gäben die berechtigte Hoffnung, daß sich der Name des Buches bewahrheiten könnte.

insel taschenbuch 414

Das Poesiealbum

# DAS POESIEALBUM

*Verse zum Auf- und Abschreiben*

Mit Bildern und Vignetten

*Ausgewählt und zusammengestellt von Elisabeth Borchers*

Insel Verlag

insel taschenbuch 414
Erste Auflage 1979

Allen Autoren und Rechtsinhabern
dankt der Verlag für die Druckgenehmigung.
Quellenhinweise am Schluß des Bandes
Vertrieb durch den Suhrkamp Taschenbuch Verlag
Umschlag nach Entwürfen von Willy Fleckhaus
Satz: LibroSatz, Kriftel
Druck: Nomos Verlagsgesellschaft, Baden-Baden
Printed in Germany

6 7 8 9 10 11 - 98 97 96 95 94 93

*Was soll ich Dir schenken?*
*Ich weiß noch nicht recht.*
*Ein Tüchlein, ein Pfeiflein,*
*das wär doch nicht schlecht?*
*Ich schenk Dir ein Buch,*
*schenk Dir dieses hier.*
*Ich hoffe, es macht Dir*
*ein wenig Pläsier.*
*Und ich schreibe hinein:*
*Dein soll es sein.*

# *Vorrede zum Poesiealbum*

»Nein, Verse sind das nicht; Verse müssen sich reimen, das hat uns Herr Ahrens in der Schule gesagt. Er stellte mich vor sich hin, als er's uns sagte und zupfte mich an 'n Ohren und sprach: Hier 'n Ohr, und hier 'n Ohr, das reimt sich; und Verse müssen sich reimen.« So also hat es der Schulmeister Ahrens gewußt, als er Matthias Claudius vor vielleicht zweihundertunddreißig Jahren an den Ohren zupfte. Da ist Matthias Claudius zu seinem Vetter gegangen und hat gefragt, ob das, was der Herr Ahrens gesagt hat, denn auch wahr sei, daß also das, was sich nicht reimt, keine Verse seien. Aber der Vetter hat ihm bestätigt, daß auch Verse, die sich nicht reimen, Verse seien. Der Vetter war wirklich ein kluger Mann; denn was wir heute endlich mit absoluter Bestimmtheit wissen, wußte er damals schon: Verse können sich reimen, aber sie müssen nicht. So wissen wir, woran wir sind, nämlich daß einer, der uns einen Vers ohne Reim bietet, dennoch kein Schwindler sein muß.

Von Versen ist in diesem Buch die Rede, nicht nur von diesen, auch von jenen. Auch von kurzen Geschichten und noch kürzeren Sätzen. Alles zusammen bildet einen Vorrat an zärtlichen, lieblichen, heiteren, klugen, ernsten, weisen Gedanken. Eine zum Verbrauch bestimmte Sammlung, die uns allenthalben dienlich sein will, vor allem dann zum Beispiel, wenn wir in die Verlegenheit geraten, vor der leeren weißen Seite eines Poesiealbums zu sitzen. Selbstverständlich ist jedem unbenommen, auf seine Weise zärtlich, heiter, klug, ernst oder weise zu sein. Haben wir aber das, was wir denken, schon zu Ende gedacht? Es wäre immerhin möglich, weil uns zum Beispiel die Ruhe fehlt oder auch ein wenig noch die Erfahrung, vielleicht sogar die Gabe zur geschliffenen oder poetischen Rede, daß wir uns ohne Umschweife nicht ganz und gar auf uns verlassen wollen, vor allem eben dann nicht, wenn wir vor jener leeren Seite sitzen, auf der wir uns, wenn auch nicht für alle Zeiten, so doch für ein Weilchen zu dekuvrieren haben – was so viel bedeutet wie offenbaren, verraten oder gar sich bloßstellen. In Zweifelsfällen ist dann eben doch verläßlicher, sich eines Namens zu bedienen, den die Welt kennt, oder von dem wir, durch Benennung, vorgeben, sie kennte ihn. Einen Namen, dem das, was wir in Kopf oder Herz besitzen, schon über die Zunge und in die Feder ging. Und man bedenke auch, was Heinrich Heine sagte. Er sagte, ein grundgelehrtes Zitat ziere den ganzen Menschen.

Es gab eine Zeit, da gehörte das Poesiealbum zu den Besitztümern wohlerzogener junger Mädchen. Für Jungen allerdings galt diese Erfindung nicht. Wohlerzogene Jungen hatten ernstere Pflichten. Zum Beispiel beschäftigten sie sich damit, nicht weinen, nicht mit Puppen spielen zu dürfen, und mit dem Gedanken, wenn möglich, ein Held werden zu müssen. Heute hat sich einiges geändert. Auch Jungen dürfen weinen, sogar mit Puppen spielen; ja selbst der Held ist aus der Mode gekommen. Und wenn ein Junge heute darauf bestünde, ein Poesiealbum zu besitzen, wen nähme es wunder? Denn das Poesiealbum hat die Zeiten überdauert. Ja, selbst die Verse aus alten Zeiten haben überdauert. Es grenzt nahezu ans Wunderbare, wie Sprüche, die vor Generationen als Poesie bezeichnet wurden, zu überleben verstehen. Und damals wie heute nahm und nimmt man es – zumindest unter Gleichaltrigen – nicht gar so ernst mit dem Begriff Poesie und schrieb und schreibt Verse solcher Art:

Äuglein klar,
Mündlein wahr,
Herzchen rein,
So soll's sein.

Oder:

Dichten kann ich leider nicht,
denn mir fehlt die Muse,
wenn du Verse haben willst,
sei so gut, mach Du'se.

Oder:

Sei fleißig wie ein Bienchen
treue wie ein Kaninchen,
sauber wie ein Kätzchen,
dann kriegst Du auch ein Schätzchen.

Oder:

Es spuckt der Bäcker in die Hände,
es spuckt die Köchin ins Ragout.
Es spuckt der Lausbub an die Wände,
in meinem Herzen spukst nur du.

Oder:

Sei gehorsam, sei bescheiden,
höre gern der Eltern Wort.
Lerne reden, lerne schweigen,
aber nur am rechten Ort.

Oder:

Sei fromm und froh,
und laß das Grübeln,
dann bleibst du frei
von allen Übeln.

Oder:

Es haut der Förster seine Föhren,
es haut die Magd die Türe zu.
Es haut der Lehrer seine Gören,
in meinem Herzen haust nur du.

Richtig ist, daß Herr Ahrens vor nahezu zweieinhalb Jahrhunderten seine helle Freude an diesen überschaubaren Reimen gehabt hätte; und richtig ist auch, daß dieses Buch, zumindest in seinen großen Teilen, dieser Heiterkeit entbehrt. Nicht, daß nicht auch hier »gehaust« und »gespukt« würde, doch eben in anderer Form, mit anderen Worten, von denen wir dachten, sie könnten, allein aus Gründen der Abwechslung, willkommen sein.

Damals schon waren in einem Poesiealbum nicht nur Verse solcher Art zu finden wie die eben zitierten; denn auch damals wußten Erwachsene schon, was sie der Jugend schuldig sind, wenn sie das Wort erheben, mitsamt oder ohne Zeigefinger. Immer schon fanden sich, neben den sorglosen Freundschaftsbeweisen, den vorweggenommenen Liebeserklärungen, Gedanken, die es ernst meinten mit sich und dem Besitzer eines womöglich in Leder gebundenen und mit Goldschnitt verzierten Buches. Das ist einfach und mit Ernst Bloch zu erklären: In der Jugend herrsche die Anschauung, im Alter das Denken vor; daher sei jene Zeit für Poesie, diese mehr für Philosophie. So ergibt sich die Vielfalt des Gesammelten, das unterschiedlich Getönte. Und die Zierde der Vignetten. Dem Leser und Betrachter wird nicht lang verborgen bleiben, daß diese Vignetten nicht nur dem Vers, dem Satz ein Angebinde im Sinne des Zierats sein wollen. Manche ›Miniatur‹ definiert auf ihre Weise den Sinn, oder widerspricht ihm gründlich, oder fügt ihm etwas hinzu.

Elisabeth Borchers

*Silber und Gold*
*habe ich nicht;*
*Was ich aber habe,*
*gebe ich dir.*

Ich habe mein Herz
In deines hinein geschlossen,
Darin liegen begraben
Drei güldene Buchstaben,
Der erste ist von rotem Gold,
Daß ich dir bin von Herzen hold;
Der ander ist von Edelstein,
Ich wollt, du wärst die Liebste mein;
Der dritt, der ist von Sammet und Seiden,
Du sollst all andere meiden;
So wünsch ich dir
Ein güldenes Kämmerlein,
Von Kristall ein Fensterlein,
Von Sammet ein Bett,
Von Zimmet eine Tür,
Von Näglein ein Riegel dafür,
Von Muskaten eine Schwell
Und mich zu deinem Gesell.

*Aus einer alten Epistel*

Silber und Gold habe ich nicht;
was ich aber habe, gebe ich dir.

*Aus der Apostelgeschichte*

Mehr als alles andere behüte dein Herz,
denn von ihm geht das Leben aus.

*Die Sprüche Salomos*

Die Sonn erregt das All,
macht alle Sterne tanzen:
Wirst du nicht auch bewegt,
gehörst du nicht zum Ganzen.

*Johannes Scheffler*

Wir wollen Freund sein
Bis in das Grab hinein.
Hiermit bist du tausendmal geküßt
auf deine Hand,
Das geb ich dir zum Unterpfand,
Ich schick dir ein Gruß
von Sammet und von Gold,
Du bist mir lieb und ich dir hold.

*Aus einer alten Epistel*

Wie goldene Äpfel mit silbernen Schalen, so ist ein Wort, gesprochen an seinem Ort.

*Die Sprüche Salomos*

Ob schon die Augen
gleich weit voneinander,
Ein Herz doch allzeit liebet das andre,
Den Namen will ich nicht nennen,
Wenn du mich liebst,
wirst du mich wohl kennen.

*Aus einer alten Epistel*

Liebe und Treue sollen dich nicht verlassen! Binde sie um deinen Hals, und schreibe sie auf die Tafel deines Herzens.

*Die Sprüche Salomos*

Der Gruß liegt begraben
Zwischen zwei goldenen Buchstaben,
Der eine heißt: Eine Perle fein,
Ich kann nicht immer bei dir sein!
Der andre heißt: Sammet und Seiden,
Du sollst all andre meiden.
Ich habe einen heimlichen Boten ausgesandt,
Der dir und mir ist wohlbekannt,
Das Täublein tu ich bitten
Mit tugendlichen Sitten,
Daß es soll mein Bote sein.
Nun, Täubchen, schwing die Flügel,
Bring frohe Botschaft wieder.

*Nach einer alten Epistel*

Wieviel Sand in dem Meer,
Wieviel Sterne oben her,
Wieviel Tiere in der Welt,
Wieviel Heller unterm Geld,
In den Adern wieviel Blut,
In dem Feuer wieviel Glut,
Wieviel Blätter in den Wäldern,
Wieviel Gräslein in den Feldern,
In den Hecken wieviel Dörner,
Auf dem Acker wieviel Körner,
Auf den Wiesen wieviel Klee,
Wieviel Stäublein in der Höh,
In den Flüssen wieviel Fischlein,
In dem Meere wieviel Müschlein,
Wieviel Tropfen in der See,
Wieviel Flocken in dem Schnee,
Soviel Lebendig weit und breit,
Wünsch ich dir eine gute Zeit.

*Aus Des Knaben Wunderhorn*

Ich wünsch dir all das Beste,
so viel der Baum hat Äste.
Ich wünsch dir so viel gute Zeit,
so viel als Stern am Himmel sein.
Ich wünsch dir so viel Glück und Segen,
als Tröpflein, die vom Himmel regnen.

*Aus einem alten Lied*

Ich wünsche ihr
so viel gute Tage und Augenblick,
Als ich des Nachts Sterne
am Himmel erblick.

*Aus einer alten Epistel*

Und wenn der Himmel papieren wär,
Und jeder Stern ein Schreiber wär,
Und jeder Schreiber
hätt sieben sieben Händ,
Sie schrieben doch alle
meiner Wünsche kein End.

*Aus einem alten Lied*

Ich habe dich so lieb!
Ich würde dir ohne Bedenken
Eine Kachel aus meinem Ofen
Schenken.

*Joachim Ringelnatz*

Hast du Honig gefunden, so iß dein Teil; doch daß du nicht Überdruß bekommst und ihn ausspeien mußt!

*Die Sprüche Salomos*

Dein Herz gleicht ganz dem Meere,
Hat Sturm und Ebb' und Flut,
Und manche schöne Perle
In seiner Tiefe ruht.

*Heinrich Heine*

Ich habe
den Menschen gesagt,
sie mögen dich lieben.
Es wird dir einer begegnen,
der hat mich gehört.

*G. B. Fuchs*

Endlich ist es mir gelungen, Dich zu vergessen! Es ist sehr anstrengend gewesen, aber ich habe 6 »Vergessensnachhilfestunden« genommen, die Stunde zu einer halben Krone. Nach drei Stunden habe ich meinen eigenen Namen vergessen, und ich habe vergessen, die nächste Stunde zu besuchen. Da meinte der Professor, ich käme sehr gut voran, »aber ich hoffe«, fügte er hinzu, »daß Sie nicht vergessen werden, die Stunden zu bezahlen«. Ich sagte, das würde davon abhängen, ob die anderen Stunden gut wären oder nicht: Und weißt Du, die letzte von den sechs Stunden war so gut, daß ich alles vergessen habe! Ich vergaß wer ich war, ich vergaß zu essen, und bis jetzt habe ich völlig vergessen, den Mann zu bezahlen. Ich will Dir seine Adresse geben, da Du vielleicht gern Stunden bei ihm nehmen möchtest, um mich zu vergessen. Er lebt in der Mitte von Hyde Park, und sein Name ist Herr Gnom Schmirgel.

*Lewis Carroll*

Ich grüß dich hübsch, ich grüß dich fein,
grüß dich in sieben Sprachen.
Und wenn du mich nicht grüßen willst,
so muß ich dich bestrafen.

*Aus einem alten Lied*

Ein freundlicher Blick erfreut das Herz, eine gute Botschaft stärkt das Gebein.

*Die Sprüche Salomos*

Hätte ich eine Schwester
ich liebte dich inniger als meine Schwester
Hätte ich alles Gold der Welt
ich legte es dir zu Füßen
Hätte ich einen Harem
du wärst meine Lieblingsfrau.

*Jacques Prévert*

Wie abgeschmackt ist alles ohne dich, die Welt sieht mir aus wie eine kalte leere Stube, und die neuesten Dinge als wenn ich sie schon 3mal gesehen hätte.

*Georg Christoph Lichtenberg*

Dank mir für diesen Reim,
die Rosen wachsen groß und klein,
sie wachsen hoch und nieder,
das Beste wünsch ich wieder.

*Alter Spruch*

Im Paradiesgärtlein steht ein Baum,
wollt Gott, du hätt'st einen guten Traum;
der Baum ist voller Äst,
und Gott im Himmel ist der Best.

*Alter Spruch*

Ein Bildchen laß ich malen mir
Auf meinem Herzen trag ich's hier.
Darauf sollst du gemalet sein.
Daß ich niemal vergesse dein.

*Alter Vers*

Wenn du in einer Kutsche gefahren kämst
Und ich trüge eines Bauern Rock
Und wir träfen uns eines Tages so auf der Straße
Würdest du aussteigen und dich verbeugen.

Und wenn du Wasser verkauftest
Und ich käme spazieren geritten auf einem Pferd
Und wir träfen uns eines Tages so auf der Straße
Würde ich absteigen vor dir.

*Bertolt Brecht*

Wer viele Gefährten hat, gefährdet sich selbst; aber es gibt einen Freund, der anhänglicher ist als ein Bruder.

*Die Sprüche Salomos*

So lange die Rosse den Wagen tun treiben,
So lange der Main schwimmet durch den Rhein,
So lange werd ich dir Freund doch sein.

*Aus einem alten Lied*

Ach, ein kleines bißchen adlig,
So ein bißchen – glaub', wir sind's!
Morgen in der goldnen Kutsche
Holt uns ein verwünschter Prinz!

*Theodor Storm*

Liebe ist ein zu schönes Wort, als daß ich's leichtsinnig in den Mund nähme; ich möchte, was es bedeutet, lieber nur empfinden . . .

*Robert Walser*

Welchen Tag haben wir
Wir haben alle Tage
Meine Freundin
Wir haben das ganze Leben
Mein Liebes
Wir lieben und wir leben
Wir leben und wir lieben
Und wir wissen nicht was das ist – Leben
Und wir wissen nicht was das ist – ein Tag
Und wir wissen nicht was das ist – Liebe.

*Jacques Prévert*

Aber
mitten auf einem Volksfest
auf einem kreisenden Karussell
lächelt ein Kind
einen Augenblick lang
Und sein Lächeln ist wie die Sonne
die gleichzeitig schwindet und naht

*Jacques Prévert*

Schläft ein Lied in allen Dingen,
Die da träumen fort und fort,
Und die Welt hebt an zu singen,
Triffst du nur das Zauberwort.

*Joseph von Eichendorff*

. . . und nun bin ich hier und habe Dich lieb, und ich würde fähig sein, auf alle Fragen, die Du an mich richten würdest, vermittelnd zu antworten.

*Robert Walser*

Wir wünschen ihm und uns ein langes, arbeitüberladenes Leben, das heißt nur ihm, uns nicht; wir gehören nicht zu denen, die sich gern überanstrengen.

*Robert Walser*

Im Kopf hab ich 'ne kleine Meise
die flötet mir daß du mich liebst
und ich dich lieb in gleicher Weise
Der Kehrreim ist mir ärgerlich
Das Vögelchen ermurkse ich.

*Jacques Prévert*

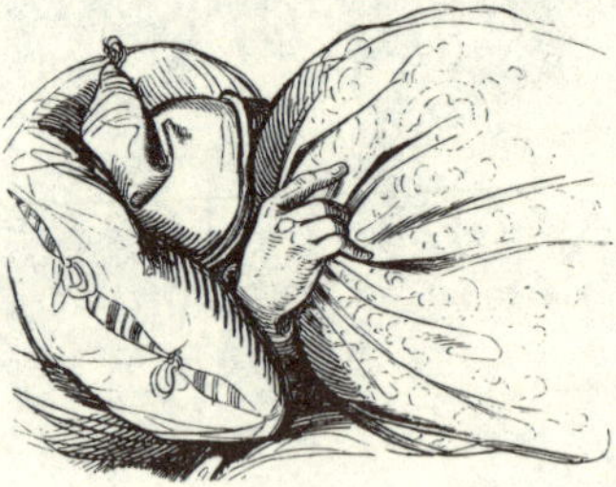

Ich möcht für tausend Taler nicht,
daß mir der Kopf ab wäre:
sonst lief ich mit dem Rumpf herum,
und wüßt nicht wo ich wäre.
Die Leut schrien all und blieben stehn:
Ei guck mal den! Ei guck mal den!

*Alter Vers*

*(Dasselbe wünsche ich auch dir nicht.)*

»Was lachst du?
Weißt du überhaupt, was du da machst,
wenn du lachst? Weißt du, was das ist?«
»Nein.«
»Na siehst du! Das Lachen
gehört zu den größten Geheimnissen
des Lebens.«

*Péter Nádas*

Die Unglücklichen sind nicht mehr geduldet, denn Menschsein ist eine große Sache.

*Bertolt Brecht*

*Drum soll ein Kind*
*die weisen Lehren*
*Der alten Leute*
*hoch verehren!*

Also lautet ein Beschluß:
Daß der Mensch was lernen muß. –
– Nicht allein das A-B-C
Bringt den Menschen in die Höh';
Nicht allein im Schreiben, Lesen
Übt sich ein vernünftig Wesen;
Nicht allein in Rechnungssachen
Soll der Mensch sich Mühe machen;
Sondern auch der Weisheit Lehren
Muß man mit Vergnügen hören. –

*Wilhelm Busch*

Erwirb Weisheit und um allen deinen Erwerb erwirb Einsicht! Halte sie hoch, so wird sie dich erhöhen; sie wird dich ehren, wenn du sie liebst. Sie wird deinem Haupt einen lieblichen Kranz verleihen, mit einer prächtigen Krone wird sie dich beschenken.

*Die Sprüche Salomos*

. . . laß sie nicht von deinen Augen weichen: bewahre Weisheit und Besonnenheit! Sie werden deiner Seele zum Leben dienen und zum Schmuck deinem Halse.

*Die Sprüche Salomos*

Wohl dem Menschen, der Weisheit findet, dem Menschen, der Einsicht bekommt! Denn ihr Erwerb ist besser als Silbererwerb, und ihr Gewinn geht über feines Gold.

*Die Sprüche Salomos*

Man soll auch zur Erde sehr höflich sein
Und zur Sonne
Man soll ihnen morgens
beim Aufstehn danken
Für die Wärme
Für die Bäume
Für die Früchte
Für alles was gut schmeckt
Für alles was schön aussieht
Und sich schön anfaßt
Man soll ihnen danken
Man darf sie nicht verärgern . . .
nicht bekritteln
Sie wissen was sie zu tun haben
Die Sonne und die Erde
Darum soll man sie gewähren lassen
Sonst ärgern sie sich womöglich
Und dann wird man verwandelt
In einen Kürbis
In eine Wassermelone
Oder in einen Feuerstein
Und was hat man davon?

Man soll auch zum Mond sehr höflich sein
Sonst macht er einen ein bißchen närrisch
Und er kann auch
Wenn er will
Dich in einen Schneemann verwandeln

*Jacques Prévert*

Merke: Es gibt Untaten, über welche kein Gras wächst.

*Johann Peter Hebel*

Ach, glaubt mir,
einmal sich erretten von den Kriegen,
Ist mehr, als tausendmal
unüberwindlich siegen.

*Andreas Scultetus*

Sokrates, der alte Greis,
Sagte oft in tiefen Sorgen:
»Ach, wie viel ist doch verborgen,
Was man immer noch nicht weiß.«

Und so ist es. – Doch indessen
Darf man eines nicht vergessen:
Eines weiß man doch hienieden,
Nämlich, wenn man unzufrieden. –

*Wilhelm Busch*

Merke: Wenn dir einmal die Bergfee also kommen sollte, so sei nicht geizig, sondern wünsche

Numero eins: Verstand, daß du wissen mögest, was du

Numero zwei: wünschen solltest, um glücklich zu werden. Und weil es leicht möglich wäre, daß du alsdann etwas wähltest, was ein törichter Mensch nicht hoch anschlägt, so bitte noch

Numero drei: um beständige Zufriedenheit und keine Reue.

Oder so:

Alle Gelegenheit, glücklich zu werden, hilft nichts, wer den Verstand nicht hat, sie zu benutzen.

*Johann Peter Hebel*

In der Mauer des Winters jedoch
gibt's immer ein Loch
durch das man den schönsten Sommer
wiedersieht
*Jacques Prévert*

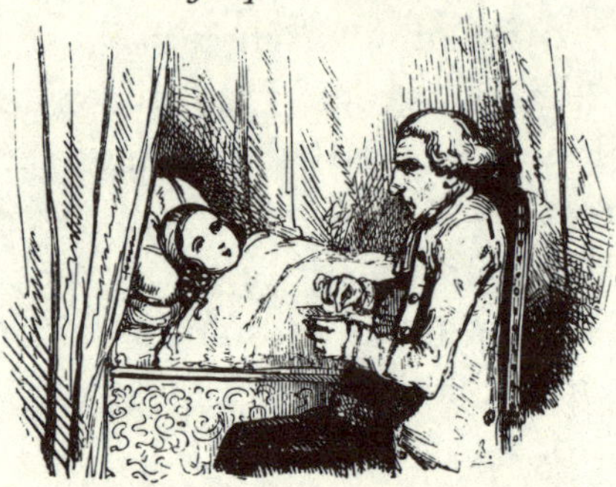

Nein was man heute
mit Kindern durchmachen muß
man weiß nicht zu welchem Heiligen
man noch beten soll
man weiß nicht
was man noch sagen soll
man weiß nicht
was man noch denken soll
man weiß nicht
wie das alles noch enden soll
man weiß nicht
mehr woran man noch ist
Also nein also nein
*Jacques Prévert*

». . . Du Taugenichts! da sonnst du dich schon wieder und dehnst und reckst dir die Knochen müde und läßt mich alle Arbeit allein tun. Ich kann dich hier nicht länger füttern. Der Frühling ist vor der Tür, geh auch einmal hinaus in die Welt und erwirb dir selber dein Brot.«
»Nun«, sagte ich, »wenn ich ein Taugenichts bin, so ist's gut, so will ich in die Welt gehn und mein Glück machen.«

*Joseph von Eichendorff*

»Helene!« – sprach der Onkel Nolte –
»Was ich schon immer sagen wollte!
Ich warne dich als Mensch und Christ:
Oh, hüte dich vor allem Bösen!
Es macht Pläsier, wenn man es ist,
Es macht Verdruß, wenn man's gewesen!«

»Ja, leider!« – sprach die milde Tante –
»So ging es vielen, die ich kannte!
Drum soll ein Kind die weisen Lehren
Der alten Leute hochverehren!
Die haben alles hinter sich
Und sind, gottlob! recht tugendlich!«

*Wilhelm Busch*

»Das Gute – dieser Satz steht fest –
Ist stets das Böse, was man läßt!

Ei, ja! – Da bin ich wirklich froh!
Denn, Gott sei Dank! ich bin nicht so!!«

*Wilhelm Busch*

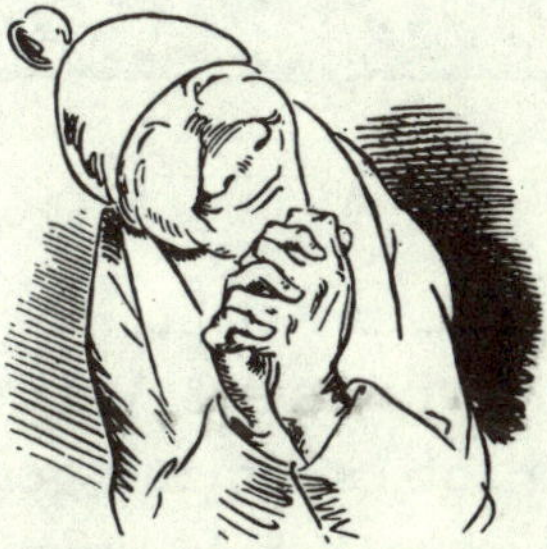

Reich willst du sein?
Warum bist du's nicht?

*Joachim Ringelnatz*

Der Reiche,
wann er viel von seiner Armut spricht,
So glaub es ihm nur gern:
er lügt wahrhaftig nicht.

*Johannes Scheffler*

Bist du glücklich? Wenn du es bist, bin ich es auch.

*Robert Walser*

Man müßte versuchen, glücklich zu sein, und sei es auch nur, um ein Beispiel zu geben.

*Jacques Prévert*

Sorgsam will das Leben, wenn es nicht brechen soll, behandelt sein.

*Robert Walser*

Keinen verderben zu lassen,
auch nicht sich selber
Jeden mit Glück zu erfüllen,
auch sich, das
Ist gut.

*Bertolt Brecht*

Auf Knien kommt man schlecht zu Verstand.

*Wiesław Brudziński*

Alles prüfe der Mensch,
sagen die Himmlischen,
Daß er, kräftig genährt,
danken für Alles lern,
Und verstehe die Freiheit,
Aufzubrechen, wohin er will.

*Friedrich Hölderlin*

Ein Frohmütiger hat immer Festmahl.

*Die Sprüche Salomos*

Verweigere keinem Bedürftigen eine Wohltat, wenn es in deiner Hände Macht steht, sie zu tun: Sprich nicht zu deinem Nächsten: »Geh hin und komm wieder; morgen will ich dir geben«, während du es doch hast.

*Die Sprüche Salomos*

Mensch, du begehrst von Gott
das ganze Himmelreich:
Bitt man von dir ein Brot,
so wirst du blaß und bleich.

*Johannes Scheffler*

Ach, gäb's Gerechtigkeit!
– und wenn sie mir gleich fehlte –
So wär ich froh, und träfe sie selbst mich.

*Bertolt Brecht*

Sei dennoch unverzagt,
Gib dennoch unverloren.
Weich keinem Glücke nicht.
Steh höher als der Neid.
Vergnüge dich an dir,
und acht es für kein Leid,
Hat sich gleich wider dich
Glück, Ort und Zeit verschworen.

*Paul Fleming*

Es kommt darauf an, das Hoffen zu lernen.

*Ernst Bloch*

Sei nicht neidisch auf den Gewalttätigen und erwähle dir keinen seiner Wege! Denn der Verkehrte ist dem Herrn ein Greuel, aber dem Aufrichtigen gilt seine Freundschaft.

*Die Sprüche Salomos*

Darum, ich bitte euch,
wollt nicht in Zorn verfallen
Denn alle Kreatur
braucht Hilf von allen.

*Bertolt Brecht*

Durch Geduld wird ein Richter überredet, und die gelinde Zunge zerbricht Knochen.

*Die Sprüche Salomos*

GEBE ZU BEDENKEN ZWECKLOS
AUGEN ZUM HIMMEL HEBEN WENN
HIMMEL ZU DUNKEL STOP

*Jacques Prévert*

Ach, was wollt ihr trüben Sinnen
Doch beginnen!
Traurig sein hebt kein Not;
Es verzehret nur die Herzen,
Nicht die Schmerzen,
Und ist ärger als der Tod.

Auf, o Seele! du mußt lernen,
Ohne Sternen,
Wenn das Wetter tobt und bricht,
Wenn der Nächte schwarze Decken
Uns erschrecken,
Dir zu sein dein eigen Licht.

*Christian Hofmann von Hofmannswaldau*

Und wenn ihr auf dem Kriegspfad seid
rauch ich
mein kleines Friedenspfeifchen
mir ist der Friede teuer
Regt euch nur nicht darüber auf
ich bitt euch nicht um Feuer.

*Jacques Prévert*

Man sollte alle Tage wenigstens ein kleines Lied hören, ein gutes Gedicht lesen, ein treffliches Gemälde sehen, und wenn es möglich zu machen wäre, einige vernünftige Worte sprechen.

*Goethe*

»Es war einmal ein Reiter.
Der hatt' ein schönes Pferd.«
Gut das, und was denn weiter?
»Er aber war nichts wert.«

*Matthias Claudius*

Traue nicht deinen Augen
Traue deinen Ohren nicht
Du siehst Dunkel
Vielleicht ist es Licht.

*Bertolt Brecht*

Ein echter Narr braucht
nicht Glocken- und Schellenklang,
Man kennt ihn schon
an Kleidern und Gang.

*Sprichwort*

Wenn wir es recht überdenken, so stecken wir doch alle nackt in unseren Kleidern.

*Heinrich Heine*

Sich nie satt haben. Beständig vertrauensvoll zu sich selbst emporblicken.

*Robert Walser*

Es gibt Leute, die glauben, alles wäre vernünftig, was man mit einem ernsthaften Gesicht tut.

*Georg Christoph Lichtenberg*

Wenn ein Mensch etwas tut, dessen er sich schämt, wird er immer erklären, es sei seine Pflicht.

*Bernard Shaw*

Es ist furchtbar, daß der Mensch sich mit dem Bestehenden so leicht abfindet, nicht nur mit fremden Leiden, sondern auch mit seinen eigenen.

*Bertolt Brecht*

So wie die Erde ist
Muß die Erde nicht bleiben.
Sie anzutreiben
Forscht, bis ihr wißt.

*Bertolt Brecht*

Beschneide Du Deinen Buchsbaum, wie Du willst, und pflanze Deine Blumen nach Dir verständlichen Schattierungen, aber beurteile nicht den Garten der Natur nach Deinem Blumengärtchen.

*Georg Christoph Lichtenberg*

Das Gräslein ist ein Buch,
suchst du es aufzuschließen,
Du kannst die Schöpfung draus
und alle Weisheit wissen.

*Daniel von Czepko*

Du willst eine Welt.
Darum hast du alles und du hast nichts.

*Friedrich Hölderlin*

»Jetzt mußt du rechts dich schlagen,
Schleich dort und lausche hier,
Dann schnell drauf los im Jagen –
So wird noch was aus dir.«

Dank'! doch durchs Weltgewimmel,
Sagt mir, ihr weisen Herrn,
Wo geht der Weg zum Himmel?
Das Eine wüßt ich gern.

*Joseph von Eichendorff*

Verfolgt das Unrecht nicht zu sehr, in Bälde
Erfriert es schon von selbst, denn es ist kalt.
Bedenkt das Dunkel und die große Kälte
In diesem Tale, das von Jammer schallt.

*Bertolt Brecht*

Komm wir wolln in Garten gehn,
und der Garten war rund.
In dem Garten stand ein Baum,
und der Baum war rund.
Auf dem Baum da war ein Ast,
und der Ast war rund.
Auf dem Ast war ein Nest,
und das Nest war rund.
In dem Neste lag ein Ei,
und das Ei war rund.
In dem Ei da war ein Dotter,
und der Dotter war rund.
In dem Dotter da stand ein Tisch,
und der Tisch war rund.
Auf dem Tische lag ein Buch,
und das Buch war rund.
In dem Buch da stand geschrieben:
»Du sollst Vater & Mutter lieben!«

*Altes Lied*

Ich warne Sie, auch nur den kleinsten Winkel Ihres Kopfes einen einzigen Augenblick lang leer zu lassen; denn dann wird augenblicklich von allen Seiten die Meinung anderer Leute einströmen.

*Bernard Shaw*

»Hab acht vorm Zipferlak, mein Kind!
Sein Maul ist beiß, sein Griff ist bohr!
Vorm Fliegelflagel sieh dich vor,
Dem mampfen Schnatterrind!«

*Lewis Carroll*

Die Zeit
macht es denen nicht leicht
die sie totschlagen wollen.

*Jacques Prévert*

Ach der Tugend schöne Werke,
Gerne möcht ich sie erwischen,
Doch ich merke, doch ich merke,
Immer kommt mir was dazwischen.

*Wilhelm Busch*

Der Faule spricht: »Es ist ein Löwe draußen, der könnte mich auf offener Straße zerreißen!«

*Die Sprüche Salomos*

»Wenn dir ein Mensch vorkömmt, der sich so viel dünkt und so groß und breit da steht; wende dich um und habe Mitleiden mit ihm. Wir sind nicht groß, und unser Glück ist, daß wir an etwas Größers und Bessers glauben können.«

*Matthias Claudius*

Wer sich an den Menschen erfreut, ist nicht der Vollendete. Wer Zuneigung hat, ist nicht der Liebende. Wer auf die Zeiten achtet, ist nicht der Weise. Wer nicht Gut und Übel gleicherweise aufnimmt, ist nicht der Überlegene. Wer nicht jenseits der Geltung steht, ist nicht der Vorbildliche. Wer sich nicht in unbedingter Weise aufgibt, kann nicht der Herrscher sein.

*Tschuang-Tse*

Halt dein Rößlein nur im Zügel,
Kommst ja doch nicht allzuweit.
Hinter jedem neuen Hügel
Dehnt sich die Unendlichkeit.
Nenne niemand dumm und säumig,
Der das Nächste recht bedenkt.
Ach, die Welt ist so geräumig.
Und der Kopf ist so beschränkt.

*Wilhelm Busch*

Der Mensch kann auf die höchsten Gipfel steigen, aber er kann nicht lange dort verweilen.

*Bernard Shaw*

Auch der Himmel bricht manchmal ein
Indem Sterne auf die Erde fallen.
Sie zerschlagen sie mit uns allen.
Das kann morgen sein.

*Bertolt Brecht*

Wen die Schönheit der Natur unmittelbar interessiert, bei dem hat man Ursache, wenigstens eine Anlage zu guter moralischer Gesinnung zu vermuten.

*Immanuel Kant*

Das Maß des Wunderbaren sind wir, wenn wir ein allgemeines Maß suchten, so würde das Wunderbare wegfallen und würden alle Dinge gleich groß sein.

*Georg Christoph Lichtenberg*

Eines Andern Pein empfinden,
heißet nicht barmherzig sein;
Recht barmherzig sein will heißen:
wenden eines Andern Pein.

*Friedrich von Logau*

Nur belehrt von der Wirklichkeit, können wir die Welt ändern.

*Bertolt Brecht*

Werden wir Hungers sterben, wenn wir keine Maschinen mehr bauen, durch die wir am Kriege sterben?

*Jacques Prévert*

Ich wandte mich und sah an alles Unrecht, das geschah unter der Sonne; und siehe, da waren Tränen derer, so Unrecht litten, und hatten keinen Tröster; und die ihnen Unrecht taten, waren zu mächtig, daß sie keinen Tröster haben konnten.

*Prediger Salomo*

Wer weiß, wie viele Wörter Gott probiert hat, bevor er das eine fand, durch das die Welt erschaffen wurde.

*Stanisław Lec*

Ich weiß nicht, was ich bin;
ich bin nicht, was ich weiß:
Ein Ding und nicht ein Ding,
ein Pünktchen und ein Kreis.

*Johannes Scheffler*

Mensch, es wohnen dir zwei Seelen
In der Brust!
Such nicht eine auszuwählen
Da du beide haben mußt.

*Bertolt Brecht*

Wenn eine einzige Wahrheit gleich der Sonne herrscht, das ist Tag.

*Johann Georg Hamann*

So etwas wie Nichts gibt es nicht, es gibt nur Dinge, die wir nicht sehen können.

*Bernard Shaw*

Seht ihr den Mond dort stehen? –
Er ist nur halb zu sehen
Und ist doch rund und schön!
So sind wohl manche Sachen,
Die wir getrost belachen,
Weil unsre Augen sie nicht sehn.

*Matthias Claudius*

Die Menschen werden immer finden, daß die ernsteste Sache in ihrem Dasein die Freude ist.

*Gustave Flaubert*

Damit das Mögliche entsteht, muß immer wieder das Unmögliche versucht werden.

*Hermann Hesse*

Ein Bruder, an dem man Unrecht getan, ist schwerer zu gewinnen als eine Burg, und Zwistigkeiten sind so schwer zu beseitigen wie der Riegel eines Palastes.

*Die Sprüche Salomos*

Der Schutzengel: die Sympathie, wir brauchen ihn immerzu. Wir haben ihn als Kind, sonst wären wir längst überfahren, wir wachsen damit auf, wir verlassen uns auf ihn – und dabei ist es nur ein Hauch, was uns schützt, was uns von dem Ungeheuerlichen trennt, von dem Rettungslosen, wo nichts mehr für dich zeugt, kein eignes Wort, keine eigne Tat.

*Max Frisch*

Sieh deine Ansichten und sieh: sie sind alt
Erinnere dich, wie gut sie einst waren!
Jetzt betrachte sie nicht mit deinem Herzen,
sondern kalt
Und sage: sie sind alt.
Komm mit mir nach Georgia
Dort, wirst du sehn, gibt es neue Ideen
Und wenn die Ideen wieder alt aussehn
Dann bleiben wir nicht mehr da.

*Bertolt Brecht*

Sag, o Weiser, wodurch du zu solchem
Wissen gelangtest?
Dadurch, daß ich mich nie andre zu
fragen geschämt.

*Johann Gottfried Herder*

Weißt du was?
Wenns regnet wirds naß,
wenns schneit wirds weiß,
du bist ein alter Naseweis.

*Alter Vers*

# *Es ist ja zum Glück ein wahrhaft ungeheure Reise*

»Wohin reitest du, Herr?«
»Ich weiß es nicht«, sagte ich, »nur weg von hier, nur weg von hier. Immerfort weg von hier, nur so kann ich mein Ziel erreichen.«
»Du kennst also dein Ziel?« fragte er.
»Ja«, antwortete ich, »ich sage es doch: ›Weg-von-hier‹, das ist mein Ziel.«
»Du hast keinen Eßvorrat mit«, sagte er.
»Ich brauche keinen«, sagte ich, »die Reise ist so lang, daß ich verhungern muß, wenn ich auf dem Weg nichts bekomme. Kein Eßvorrat kann mich retten. Es ist ja zum Glück eine wahrhaft ungeheure Reise.«

*Franz Kafka*

viele wege kreuzen sich in mir
und ich gehe immer
mehrere straßen zugleich.
ich bin arm.
aber es kommt mir vor:
dann wäre ich reich
wenn unter diesen wegen einer
ein ausweg wäre.

viele wege kreuzen sich in mir
und ich gehe immer
mehrere straßen zugleich.
ich bin arm.
aber es kommt mir vor:
dann wäre ich ärmer
wenn unter diesen wegen einer
ein ausweg wäre.

*Ernst Jandl*

Nicht die Wahrheit, in deren Besitz irgend ein Mensch ist oder zu sein vermeinet, sondern die aufrichtige Mühe, die er angewandt hat, hinter die Wahrheit zu kommen, macht den Wert des Menschen. Denn nicht durch den Besitz, sondern durch die Nachforschung der Wahrheit erweitern sich seine Kräfte, worin allein seine immer wachsende Vollkommenheit besteht. Der Besitz macht ruhig, träge, stolz –

Wenn Gott in seiner Rechten alle Wahrheit, und in seiner Linken den einzigen immer regen Trieb nach Wahrheit, obschon mit dem Zusatze, mich immer und ewig zu irren, verschlossen hielte, und spräche zu mir: wähle! Ich fiele ihm mit Demut in seine Linke, und sagte: Vater gib! die reine Wahrheit ist ja doch nur für dich allein!

*Gotthold Ephraim Lessing*

Ein Talmudlehrer sprach: Manch einer läßt seinen Vater Fasanen essen und wird dennoch des zukünftigen Lebens nicht teilhaftig; ein andrer läßt seinen Vater den Mühlstein bewegen, und ihm wird ewiges Leben beschieden. Ein Judäer hatte einen Sohn, und dieser pflegte ihm jeden Tag ein Paar Tauben zu bringen, ihn wohl zu speisen und zu tränken. Da fragte einst der Vater den Sohn: Mein Sohn, wo hast du das alles her? Darauf entgegnete der Sohn: Iß, du scheeläugiger Hund, was man dir gibt; was hast du zu fragen, wo es herkommt?

Ein andrer Fall: Einst wurde ein Gesetz erlassen, daß jedem, der müßig dasitze und keine Arbeit tue, Hände und Füße abgehauen würden. Da war einer, der selber die Mühle trat und seinen Vater im Bette der Ruhe pflegen ließ. Eines Tages kamen die Knechte des Königs, um Umschau zu halten. Da sprach der Sohn zu seinem Vater:

Vater, tritt du jetzt die Mühle, ich will mich ins Bett legen. Die Diener kamen und fanden den Sohn im Bette liegen. Also brachten sie ihn vor den König, und ihm wurden Hände und Füße abgehauen. Weil er aber seinen Vater gerettet hatte, wurde er mit dem ewigen Leben belohnt.

*Der Born Judas*

Zum Propheten kam ein junger Mann und sprach:
»Gottgesandter, meine Mutter, alt und schwach,
Lebt bei mir, ich geb ihr Wohnung, Gewand,
Trank und Speise geb ich ihr mit meiner Hand,
Hebe sie auf meinen Arm und pflege sie
Sommers kühl und winters warm und lege sie.
Hab ich vergolten?« Der Prophet sprach: »Nein,
Nicht vergolten, aber wohlgetan und fein,
Nicht den zehnten Teil vergaltest du, mein Sohn,
Gott gebe dir fürs Kleine großen Lohn.«

*Friedrich Rückert*

Der Vater stellte ein Gläslein voll Arznei in die Schublade, weil er glaubte, es sei nirgends besser verwahrt. Als aber der Sohn nach Hause kam und die Schublade schnell aufziehn wollte, fiel das Gläslein um und zerbrach. Da gab ihm der Vater eine zornige Ohrfeige und sagte: »Kannst du nicht zuerst schauen, was in der Tischlade ist, eh du sie auftust?« Der Sohn erwiderte zwar, nein, das könne niemand. Aber der Vater sagte: »Den Augenblick sei still oder du bekommst noch eine.«
Merke: Man ist nie geneigter, unrecht zu tun, als wenn man unrecht hat. Recht ist gut beweisen. Aber für das Unrecht braucht man schon Ohrfeigen und Drohungen zum Beweistum.

*Johann Peter Hebel*

Jeder Mensch hat 2 Eltern, 4 Großeltern, 8 Urgroßeltern, 16 Ururgroßeltern, 32 Voreltern in der fünften, 64 in der sechsten, 128 in der siebenten, 256 in der achten, 512 in der neunten, 1024 in der zehnten Generation. In der sechzehnten Generation hat jeder 65 536 Voreltern. Diese sechzehn Generationen nehmen einen Zeitraum von 500 Jahren ein. Unter den 65 536 Voreltern, die jeder der jetzt lebenden Menschen im 14. Jahrhundert hatte, befinden sich gewiß Personen aller Stände und Klassen, Arme und Reiche, Freiherren und Taglöhner, Gelehrte und Ungelehrte. Es kennt natürlich kein Mensch, auch wenn der Stammbaum noch so sorgfältig in der Familie aufbewahrt wurde, alle seine Vorfahren. Es ist also kein Grund vorhanden, einen Unterschied zwischen den Menschen zu machen, indem man sich auf ihre Herkunft bezieht. Eines jeden Wert sollte man lediglich nach dem bemessen, was er selber ist und leistet.

*Unbekannt*

Bei einer Sonnenuhr
blieb einst ein Wandrer stehn,
die Morgensonne schien;
die Uhr wies auf halb achte,
der Mann sprach:
»Es ist früh, ich will bis mittags gehn«;
indem er sich darauf bedachte,
so kam ein dickes Wolkenheer,
die Sonne war verhüllt,
der Wandersmann sah wieder
nach seiner Sonnenuhr
und rieb die Augenlider:
Die Uhr wies keine Stunden mehr.

»Oh«, sprach er, »falsches Ding,
das an das Glück sich bindet!
Hinweg mit einem solchen Freund,
der mich so lange kennt,
als mir die Sonne scheint
und wenn sie nicht scheint,
mir verschwindet.«

*Magnus Gottfried Lichtwer*

Der Vogelfänger fing bei seinem Vogelfang
Ein Vögelein, das sprach zu ihm mit Vogelsang:
Wenn du mich lässest fliehn
und schenkest mir das Leben,
So will ich dir dafür drei gute Lehren geben.
Er ließ es lachend los und sprach: Mich soll verlangen
Der Weisheit, die ich mag aus Vogelmund empfangen.
Die erste Lehre sang das Vögelein vom Ast:
Gib aus den Händen nicht, was du in Händen hast.
Hättest du mich erwürgt, so hättest du gefunden
In meinem Magen ein Juwel von zweien Pfunden.
Der Vogelsteller rauft die Haare sich vor Gram,
Daß solch ein großer Schatz
so aus der Hand ihm kam.
Die zweite Lehre gab das Vöglein aus dem Laube:
Nicht alles, was dir sagt ein loser Vogel, glaube!
Wie kannst du glauben, daß in meinem Magen liege
Zwei Pfund schwer ein Juwel,
da ich zwei Lot nicht wiege?
Der Vogelsteller senkt sein Haupt vor tiefer Scham,
Daß so leichtgläubige Begierd' ihn übernahm.
Die dritte Lehre ließ das Vögelein vernehmen:
Um den entgangnen Fang
sollst du dich niemals grämen.

*Friedrich Rückert*

Zwei Löwen gingen einst selbhand
In einem Wald spazoren,
Und haben da von Wut entbrannt
Einander aufgezohren.

Da kamen eines Tags daher
Des Wegs, zwei Leute, edel,
Die fanden von dem Kampf nichts mehr,
Als beider Löwen Wedel.

Daraus geht nun für Groß und Klein
Die weise Lehr' hervor:
›Selbst mit dem besten Freunde dein
Im Walde nie spazor!‹

*Kinderreim*

Einst wurde eine Bärin auf den Markt geführt, die war mit Perlen und Edelsteinen geschmückt, und vor ihr wurde ausgerufen: Der Tapfere, der sich als Reiter auf sie schwingt, erhält ihren Schmuck zum Lohne.

Da war ein weiser Mann, der sprach zu den anderen: »Ihr schaut auf den Rücken des Tieres, ich auf seinen Rachen.«

*Aus dem Talmud*

Wie heißt
das schlimmste Tier mit Namen?
So fragt' ein König einen weisen Mann.
Der Weise sprach:
von wilden heißts Tyrann,
Und Schmeichler von den zahmen.

*Gotthold Ephraim Lessing*

Wenn das Haus eines Großen
Zusammenbricht
Werden viele Kleine erschlagen.
Die das Glück der Mächtigen nicht teilten
Teilen oft ihr Unglück.
Der stürzende Wagen
Reißt die schwitzenden Zugtiere
Mit in den Abgrund.

*Bertolt Brecht*

Herr K. sprach über die Unart, erlittenes Unrecht stillschweigend in sich hineinzufressen, und erzählte folgende Geschichte: »Einen vor sich hinweinenden Jungen fragte ein Vorübergehender nach dem Grund seines Kummers. ›Ich hatte zwei Groschen für das Kino beisammen‹, sagte der Knabe, ›da kam ein Junge und riß mir einen aus der Hand‹, und zeigte auf einen Jungen, der in einiger Entfernung zu sehen war. ›Hast du denn nicht um Hilfe geschrien?‹ fragte der Mann. ›Doch‹, sagte der Junge und schluchzte ein wenig stärker. ›Hat dich niemand gehört?‹ fragte ihn der Mann weiter, ihn liebevoll streichelnd. ›Nein‹, schluchzte der Junge. ›Kannst du denn nicht lauter schreien?‹ fragte der Mann. ›Nein‹, sagte der Junge und blickte ihn mit neuer Hoffnung an. ›Dann‹, der Mann lächelte, ›dann gib auch den her‹, sagte er, nahm ihm den letzten Groschen aus der Hand und ging unbekümmert weiter.«

*Bertolt Brecht*

Einmal brachte eine Mutter ihren Sohn zum Rabbi. Da fragte der Rabbi den Jungen: »Ich gebe dir einen Gulden, wenn du mir sagst, wo Gott wohnt.« Er antwortete: »Und ich gebe dir zwei Gulden, wenn du mir sagen kannst, wo er nicht wohnt.«

*Martin Buber*

Ein Hase sitzt auf einer Wiese,
des Glaubens, niemand sähe diese.
Doch, im Besitze eines Zeißes,
betrachtet voll gehaltnen Fleißes
vom vis-à-vis gelegenen Berg
ein Mensch den kleinen Löffelzwerg.
Ihn aber blickt hinwiederum
ein Gott von fern an, mild und stumm.

*Christian Morgenstern*

Ich spiele Klavier
sagte der eine
ich spiele Geige
sagte der andere
ich Harfe ich Horn ich Akkordeon
ich Flöte ich Fagott ich Xylophon
Und die einen
und die andern redeten redeten daher
redeten davon was sie spielten
Man hörte die Musik nicht mehr
alles redete
alles redete

*Jacques Prévert*

Es ist ein sehr gewöhnlicher und weit verbreiteter Aberglaube, daß jeder Mensch gewisse unwandelbare Eigenschaften habe, daß er entweder gut oder schlecht sei, klug oder dumm, energisch oder apathisch und so weiter. Aber die Menschen sind nicht so. Wir können sagen, daß ein bestimmter Mensch öfter gut als schlecht ist, öfter klug als dumm, öfter energisch als apathisch oder umgekehrt; aber es wäre unrichtig von einem Menschen zu sagen, er sei gut oder klug, und von einem anderen, er sei schlecht oder dumm. Menschen sind wie Flüsse: das Wasser, das in ihnen allen fließt, ist das gleiche und überall ein und dasselbe, aber jeder Fluß ist bald schmal, bald breit, reißend oder ruhig, klar oder kalt, trüb oder warm.

*Leo Tolstoj*

Der Gelbe Kaiser reiste nordwärts vom Roten See, bestieg den Berg Kun-lun und schaute gegen Süden. Auf der Heimfahrt verlor er seine Zauberperle. Er sandte Wissen aus, sie zu suchen, aber es fand sie nicht. Er sandte Klarsicht aus, sie zu suchen, aber sie fand sie nicht. Er sandte Redegewalt aus, sie zu suchen, aber sie fand sie nicht. Endlich sandte er Absichtslos aus, und es fand sie. »Seltsam fürwahr«, sprach der Kaiser, »daß Absichtslos sie zu finden vermocht hat.«

*Tschuang-Tse*

## Von den großen Männern

1

Die großen Männer sagen viele dumme Sachen
Sie halten alle Leute für dumm
Und die Leute sagen nichts und lassen sie machen
Dabei geht die Zeit herum.

2

Die großen Männer essen aber und trinken
und füllen sich den Bauch
Und die andern Leute hören von ihren Taten
Und essen und trinken auch.

3

Der große Alexander, um zu leben
Brauchte die Großstadt Babylon
Und es hat andere Leute gegeben
Die brauchten sie nicht. Du bist einer davon.

4

Der große Kopernikus ging nicht schlafen
Er hatte ein Fernrohr in der Hand
Und rechnete aus: die Erde drehe sich um die Sonne
Und glaubte nun, daß er den Himmel verstand.

5

Der große Bert Brecht verstand nicht
die einfachsten Dinge
Und dachte nach über die schwierigsten,
wie zum Beispiel das Gras
Und lobte den großen Napoleon
Weil er auch aß.

6

Die großen Männer tun, als ob sie weise wären
Und reden sehr laut – wie die Tauben.
Die großen Männer sollte man ehren
Aber man sollte ihnen nicht glauben.

*Bertolt Brecht*

Schlecht und Recht, wo find ich dich?
Unter keinem hohen Giebel;
Manchmal unter Leim und Stroh;
zum gewißten in der Bibel.

*Friedrich von Logau*

Ich habe von Jugend auf gern' in der Bibel gelesen, für mein Leben gern. 's stehn solche schöne Gleichniss' und Rätsel drin, und 's Herz wird einem darnach so recht frisch und mutig. Am liebsten aber les' ich im Sankt Johannes. In ihm ist so etwas ganz Wunderbares – Dämmerung und Nacht, und durch sie hin der schnelle zückende Blitz! 'n sanftes Abendgewölk und hinter dem Gewölk der große volle Mond leibhaftig! so etwas Schwermütiges und Hohes und Ahndungsvolles, daß mans nicht satt werden kann. 's ist mir immer beim Lesen im Johannes, als ob ich ihn beim letzten Abendmahl an der Brust seines Meisters vor mir liegen sehe, als ob sein Engel mir's Licht hält, und mir bei gewissen Stellen um den Hals fallen und etwas ins Ohr sagen wolle. Ich versteh lang nicht alles was ich lese, aber oft ists doch, als schwebt' es fern vor mir was Johannes meinte, und auch da, wo ich in einen ganz dunkeln Ort hinein sehe, hab ich doch eine Vorempfindung von einem großen herrlichen Sinn den ich 'nmal verstehen werde, und darum greif' ich so nach jeder neuen Erklärung des Johannes.

Zwar die meisten kräuseln nur an dem Abendgewölke, und der Mond hinter ihm hat gute Ruhe.

*Matthias Claudius*

Mein sind die Jahre nicht,
die mir die Zeit genommen,
Mein sind die Jahre nicht,
die etwa möchten kommen;
Der Augenblick ist mein
und nehm ich den in acht,
So ist der mein,
der Jahr und Ewigkeit gemacht.

*Andreas Gryphius*

Herr! schicke, was du willst,
Ein Liebes oder Leides;
Ich bin vergnügt, daß beides
Aus deinen Händen quillt.

Wollest mit Freuden
Und wollest mit Leiden
Mich nicht überschütten!
Doch in der Mitten
Liegt holdes Bescheiden.

*Eduard Mörike*

Das erfuhr ich unter Menschen
als Wunder größtes,
Daß Erde nicht war
noch Himmel drüber,
Noch irgendein Baum
noch Berg nicht war,
Noch irgendein Stern
noch Sonne schien,
Noch Mond nicht leuchtete
noch das gewaltige Meer.
Als da nirgends nichts war
an Enden und Wenden,
Da war doch der eine
allmächtige Gott.

*Wessobrunner Gebet*

Bin ich nicht adelig!
Die Engel dienen mir,
Der Schöpfer buhlt um mich
und wart't vor meiner Tür.

*Johannes Scheffler*

*Komm her einmal,*
*du liebes Buch,*
*Sie sagen immer,*
*du bist so klug.*

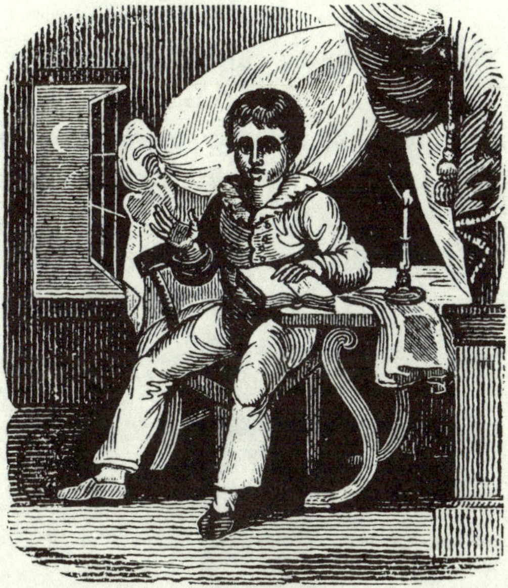

»Komm her einmal, du liebes Buch;
Sie sagen immer, du bist so klug.
Mein Vater und Mutter, die wollen gerne,
Daß ich was Gutes von dir lerne;
Drum will ich dich halten an mein Ohr;
Nun sag mir all deine Sachen vor.

Was ist denn das für ein Eigensinn,
Und siehst du nicht, daß ich eilig bin?
Möchte gern spielen und springen herum,
Und du bleibst immer so stumm und dumm?
Geh, garstiges Buch, du ärgerst mich,
Dort in die Ecke werf ich dich.«

*Wilhelm Hey*

Zum ersten: Lasset uns fleißig betreiben
Lesen, Kopf-, Tafelrechnen und Schreiben,
Alldieweil der Mensch durch sotane Künste
Zu Ehren gelanget und Brotgewinste.

Zum zweiten: Was würde das aber besagen
Ohne ein höfliches Wohlbetragen;
Denn wer nicht höflich nach allen Seiten,
Hat doch nur lauter Verdrießlichkeiten,
Darum zum Schlusse, – denn sehet, so bin ich –
Bitt ich euch dringend, inständigst und innig,

Habt ihr beschlossen in eurem Gemüte,
Meiner Lehre zu folgen in aller Güte,
So reichet die Hände und blicket mich an
Und sprechet: Jawohl, Herr Bokelmann!

*Wilhelm Busch*

Mein junger Sohn fragt mich:
Soll ich Mathematik lernen?
Wozu, möchte ich sagen.
Daß zwei Stück Brot mehr ist als eines
Das wirst du auch so merken.
Mein junger Sohn fragt mich:
Soll ich Französisch lernen?
Wozu, möchte ich sagen.
Dieses Reich geht unter. Und
Reibe du nur mit der Hand den Bauch
und stöhne
Und man wird dich schon verstehen.
Mein junger Sohn fragt mich:
Soll ich Geschichte lernen?
Wozu, möchte ich sagen.
Lerne du deinen Kopf in die Erde stecken
Da wirst du vielleicht übrigbleiben.

Ja, lerne Mathematik, sage ich
Lerne Französisch, lerne Geschichte!

*Bertolt Brecht*

Fritz, der mal wieder schrecklich träge,
Vermutet, heute gibt es Schläge,
Und knöpft zur Abwehr der Attacke
Ein Buch sich unter seine Jacke,
Weil er sich in dem Glauben wiegt,
Daß er was auf den Buckel kriegt.

Die Schläge trafen richtig ein.
Der Lehrer meint es gut. Allein
Die Gabe wird für heut gespendet
Mehr unten, wo die Jacke endet,
Wo Fritz nur äußerst leicht bekleidet
Und darum ganz besonders leidet.

Ach, daß der Mensch so häufig irrt
Und nie recht weiß, was kommen wird!

*Wilhelm Busch*

Beinahe alle Bücher, die ich schätze, und ganz und gar alle, die mir zu etwas gedient haben, sind recht schwer zu lesen. Die Gedanken können sich von ihnen abwenden, überfliegen können sie sie nicht.
Die einen haben mir gedient, obgleich sie schwierig, die andern, weil sie es waren.

*Paul Valéry*

Freund, so du etwas bist,
so bleib doch ja nicht stehn:
Man muß aus einem Licht
fort in das andre gehn.

*Johannes Scheffler*

Aus nichts wird nichts,
das merke wohl,
Wenn aus dir etwas werden soll.

*Matthias Claudius*

Wer a sagt, der muß nicht b sagen. Er kann auch erkennen, daß a falsch war.

*Bertolt Brecht*

Etwas lernen und mit der Zeit darin immer geübter werden, ist das nicht auch eine Freude? Wenn dann von fern her Gleichgesinnte kommen und zu Freunden werden, ist das nicht auch eine Freude?

*Konfuzius*

Und – um es kurz zu sagen – ich will, daß Du auch zeigest, was Du gelernt hast, welches nicht besser geschieht, als wenn Du öffentlich mit und gegen jedermann disputierst und mit den gelehrten Leuten sowohl in Paris als an anderen Orten lebhaften Verkehr unterhältst.

*François Rabelais*

Von den vielen Welten, die der Mensch nicht von der Natur geschenkt bekam, sondern sich aus eigenem Geiste erschaffen hat, ist die Welt der Bücher die größte.

*Hermann Hesse*

Es ist nicht genug zu wissen; man muß auch anwenden; es ist nicht genug zu wollen; man muß auch tun.

*Goethe*

Wenn ein Buch und ein Kopf zusammenstoßen und es klingt hohl, ist das allemal im Buch?

*Georg Christoph Lichtenberg*

Der Mensch lebt durch den Kopf
Der Kopf reicht ihm nicht aus
Versuch es nur, von deinem Kopf
Lebt höchstens eine Laus.
Denn für dieses Leben
Ist der Mensch nicht schlau genug.
Niemals merkt er eben
Allen Lug und Trug.

*Bertolt Brecht*

*Abschied an den Leser*

Wenn du von allem dem,
was diese Blätter füllt,
Mein Leser,
nichts des Dankes wert gefunden:
So sei mir wenigstens für das verbunden,
Was ich zurück behielt.

*Gotthold Ephraim Lessing*

Bis hier her
und
nicht
weiter

# Anhang

## *Verfasser- und Quellenverzeichnis*

ERNST BLOCH (1885-1977)
Es kommt darauf an, S. 55.
Aus: Das Prinzip Hoffnung. Suhrkamp Verlag Frankfurt am Main 1973 (stw 3). S. 1.

BERTOLT BRECHT (1898-1956)
Wenn du in einer Kutsche gefahren kämst (Titel: Die Freunde), S. 32; Die Unglücklichen sind nicht mehr geduldet (Auszug aus: Über den Einzug der Menschheit in die großen Städte zu Beginn des dritten Jahrtausends), S. 38; Ach, gäb's Gerechtigkeit! (Auszug aus: Das zehnte Sonett), S. 55; Darum, ich bitte euch (Auszug aus: Von der Kindesmörderin Marie Farrar), S. 56; Traue nicht deinen Augen (Auszug aus: Sprüche), S. 59; Es ist furchtbar (Auszug aus: Die Hoffnung der Welt), S. 62; Auch der Himmel bricht manchmal ein (Titel: Auch der Himmel), S. 72; Sieh deine Ansichten (Auszug aus: Komm mit mir nach Georgia), S. 78; Von den großen Männern, S. 100; Mein junger Sohn fragt mich, S. 108.
Aus: Gesammelte Werke in acht Bänden. Band IV. Suhrkamp Verlag Frankfurt am Main 1967.
Keinen verderben zu lassen (Auszug aus: Der gute Mensch von Sezuan), S. 52; Wenn das Haus eines Großen zusammenbricht (Auszug aus: Der kaukasische Kreidekreis), S. 94.
Aus: Band II. S. 1553, 2015.
Verfolgt das Unrecht nicht zu sehr (Auszug aus: Die Dreigroschenoper), S. 64; Nur belehrt von der Wirklichkeit (Auszug aus: Die Maßnahme), S. 74; Mensch, es wohnen dir zwei Seelen (Auszug aus: Die heilige Johanna der Schlachthöfe), S. 75; Wer a sagt (Auszug aus: Der Neinsager), S. 111.
Aus: Band I. S. 486, 663, 786, 629.
Herr K. sprach über die Unart (Titel: Der hilflose Knabe), S. 93.
Aus: Band V.

WIESŁAW BRUDZINSKI (1920)
Auf Knien, S. 53.
Nach: Denkspiele. Polnische Aphorismen des Zwanzigsten Jahrhunderts. Herausgegeben und mit einem Nachwort von Antoni Marianowicz und Ryszard Marek Groński. Insel Verlag Frankfurt am Main 1974 (it 76).

MARTIN BUBER (1878-1965)
Einmal brachte eine Mutter (Titel: Wo wohnt Gott), S. 96.
Mit freundlicher Genehmigung des Verlages Lambert Schneider, Heidelberg.

WILHELM BUSCH (1832-1908)
Also lautet ein Beschluß (Auszug aus: Max und Moritz), S. 41; Sokrates, der alte Greis (Auszug aus: Abenteuer eines Junggesellen), S. 44; »Helene« – sprach der Onkel Nolte (Auszug aus: Die fromme Helene), S. 48; Das Gute – dieser Satz steht fest (Auszug aus: Die fromme Helene), S. 49; Zum ersten: Lasset uns fleißig betreiben (Auszug aus: Plisch und Plum), S. 109. Aus: Das große Wilhelm Busch Album. Mit 1800 Zeichnungen. Sonderausgabe für die Mitglieder des deutschen Bücherbundes o. J.
Ach der Tugend schöne Werke (Auszug aus: Ach, wie geht's dem Heilgen Vater!), S. 68; Halt dein Rößlein nur im Zügel (Titel: Beschränkt), S. 70; Fritz, der mal wieder schrecklich träge (Titel: Dunkle Zukunft), S. 111.
Aus: Kritisch-Allzukritisches. Gedichte. Ausgewählt von Theo Schlee. Mit Illustrationen von Wilhelm Busch und einem Nachwort des Herausgebers. Insel Verlag Frankfurt am Main 1974 (it 52).

LEWIS CARROLL (1832-1898)
Endlich ist es mir gelungen (Auszug aus dem Brief an Agnes Hull, 10. Dez. '77), S. 27.
Aus: Briefe an kleine Mädchen. Herausgegeben und übersetzt von Klaus Reichert. Insel Verlag Frankfurt am Main 1976 (it 172).
Hab acht vorm Zipferlak (Auszug aus: Der Zipferlake), S. 67.
Aus: Alice hinter den Spiegeln. Übersetzt von Christian Enzensberger. Insel Verlag Frankfurt am Main 1974 (it 97).

MATTHIAS CLAUDIUS (1740-1815)
Es war einmal ein Reiter (Titel: An Herrn N. N. Litteratus), S. 59; Wenn dir ein Mensch vorkömmt (Auszug aus: Passe-Tems), S. 69; Seht ihr den Mond dort stehen? (Auszug aus: Abendlied), S. 76; Ich habe von Jugend auf (Auszug aus: Paraphrasis Evangelii Johannis – etc.), S. 103; Aus nichts wird nichts, S. 112.
Aus: Der Wandsbecker Bote. Insel Verlag Frankfurt am Main 1975 (it 130).

DANIEL VON CZEPKO (1605-1660)
Das Gräslein ist ein Buch (Titel: Alles voll Gott), S. 63.
Nach: Komm, güldner Friede. Ausgewählte Lyrik des siebzehnten Jahrhunderts. Herausgegeben von Ernst Ginsberg. Mit 14 Reproduktionen und zeitgenössischen Radierungen. Artemis-Verlag Zürich 1944.

JOSEPH VON EICHENDORFF (1788-1857)
Schläft ein Lied in allen Dingen (Titel: Wünschelrute), S. 35; Jetzt mußt du rechts dich schlagen (Titel: Wegweiser), S. 64.
Aus: Gedichte. Herausgegeben von Traude Dienel. Insel Verlag Frankfurt am Main 1977 (it 255).
Du Taugenichts!, S. 47.
Aus: Aus dem Leben eines Taugenichts. Insel Verlag Frankfurt am Main 1976 (it 202). S. 9.

GUSTAVE FLAUBERT (1821-1880)
Die Menschen werden immer finden, S. 76.
Nach: Palinurus. Das Grab ohne Frieden. Suhrkamp Verlag Frankfurt am Main o. J. (BS 11). S. 100.

PAUL FLEMING (1609-1640)
Sei dennoch unverzagt (Auszug aus: An sich), S. 55.
Nach: siehe Daniel von Czepko.

MAX FRISCH (1911-1991)
Der Schutzengel (Auszug aus: Neujahrstag 1949), S. 78.
Aus: Tagebuch 1946-1949. Enthalten in: Gesammelte Werke in zeitlicher Folge. Herausgegeben von Hans Mayer unter Mitwirkung von Walter Schmitz. Band II. Suhrkamp Verlag Frankfurt am Main 1976. S. 637.

GÜNTER BRUNO FUCHS (1928-1977)
Ich habe den Menschen gesagt, S. 26.
Aus: Das Lesebuch des Günter Bruno Fuchs. Carl Hanser Verlag, München 1970.

JOHANN WOLFGANG GOETHE (1749-1832)
Man sollte alle Tage, S. 58.
Nach: Insel-Almanach auf das Jahr 1912. Im Insel-Verlag zu Leipzig. S. 30.
Es ist nicht genug zu wissen, S. 114.

Aus: Maximen und Reflexionen. Insel Verlag Frankfurt am Main 1976 (it 200). S. 135, Nr. 689.

ANDREAS GRYPHIUS (1616-1664)
Mein sind die Jahre nicht (Titel: Betrachtung der Zeit), S. 104.
Nach: siehe Daniel von Czepko.

JOHANN GEORG HAMANN (1730-1788)
Wenn eine einzige Wahrheit (Auszug aus: Aesthetica in nuce), S. 76.
Aus: Schriften J. G. Hamanns. Ausgewählt, eingeleitet und herausgegeben von Karl Widmaier. Insel Verlag Leipzig 1921.

JOHANN PETER HEBEL (1760-1826)
Merke: Es gibt Untaten (Auszug aus: Der Husar in Neiße), S. 44; Merke: Wenn dir einmal die Bergfee (Auszug aus: Drei Wünsche), S. 45.
Aus: Kalendergeschichten. Auswahl und Nachwort von Ernst Bloch. Insel Verlag Frankfurt am Main 1973 (it 17).
Der Vater stellte ein Gläslein (Der Vater und der Sohn), S. 88.
Aus: Erzählungen des rheinländischen Hausfreundes. Enthalten in: Werke. Herausgegeben von Eberhard Meckel. Band 1. Insel Verlag Frankfurt am Main 1968.

HEINRICH HEINE (1797-1856)
Dein Herz gleicht ganz dem Meere (Original: Mein Herz gleicht ganz dem Meere. Auszug aus: Die Heimkehr), S. 26.
Aus: Buch der Lieder. Insel Verlag Frankfurt am Main 1975 (it 33). S. 114.
Wenn wir es recht überdenken (Auszug aus: Norderney), S. 60.
Aus: Werke. In vier Bänden. Herausgegeben von Wolfgang Preisendanz. Band 2. Insel Verlag Frankfurt am Main 1968.

JOHANN GOTTFRIED HERDER (1744-1803)
Sag, o Weiser, S. 79.
Aus: Völkerstimme. Persisch.

HERMANN HESSE (1877-1962)
Damit das Mögliche entsteht, S. 77; Von den vielen Welten, S. 112.
Aus: Mit Hermann Hesse durch das Jahr. Mit Reproduktionen von 13 aquarellierten Federzeichnungen von Hermann Hesse. Suhrkamp Verlag Frankfurt am Main 1976.

WILHELM HEY (1790-1854)
Komm her einmal (Titel: Kind und Buch), S. 108.
Aus: Fünfzig Fabeln für Kinder von Wilhelm Hey. Insel Verlag Wiesbaden 1954 (IB 309).

CHRISTIAN HOFMANN VON HOFMANNSWALDAU (1617-1679)
Ach, was wollt ihr trüben Sinnen (Titel: Ermahnung), S. 57.
Nach: siehe Daniel von Czepko.

FRIEDRICH HÖLDERLIN (1770-1843)
Alles prüfe der Mensch (Auszug aus: Lebenslauf), S. 53; Du willst eine Welt (Auszug aus: Hyperion), S. 63.
Aus: Insel-Hölderlin. Werke und Briefe. Herausgegeben von Friedrich Beißner und Jochen Schmidt. Erster Band. Insel Verlag Frankfurt am Main 1969.

ERNST JANDL (1925)
viele wege, D. 84.
Aus: dingfest. gedichte. mit einem nachwort von hans mayer. Luchterhand Verlag, Darmstadt und Neuwied 1973.

FRANZ KAFKA (1883-1924)
Wohin reitest du, Herr? (Auszug aus: Der Aufbruch), S. 83.
Aus: Die Erzählungen. Copyright 1936/1937 by Heinr. Mercy Sohn Prag. Copyright 1946 by Schocken Books Inc., New York. Abdruck mit Genehmigung des S. Fischer Verlags GmbH, Frankfurt a. M.

IMMANUEL KANT (1724-1804)
Wen die Schönheit der Natur, S. 72.
Aus: Kant-Brevier. Ein philosophisches Lesebuch für freie Minuten. Herausgegeben von Wilhelm Weischedel. Insel Verlag Frankfurt am Main 1974 (it 61). S. 140.

KONFUZIUS (551 v. Chr.-479 v. Chr.)
Etwas lernen, S. 113.
Aus: Die Weisheit des Konfuzius. Aus dem chinesischen Urtext übertragen und eingeleitet von Hans O. H. Stange. Insel Verlag Frankfurt am Main 1964 (IB 830).

STANISŁAW JERZY LEC (1909-1966)
Wer weiß, wie viele Wörter, S. 75.
Aus: Spätlese unfrisierter Gedanken. Herausgegeben und aus

dem Polnischen übertragen von Karl Dedecius. © 1976 Carl Hanser Verlag München Wien.

GOTTHOLD EPHRAIM LESSING (1729-1781)
Nicht die Wahrheit (Titel: Eine Duplik), S. 85; Wie heißt das schlimmste Tier mit Namen? (Titel: Das schlimmste Tier), S. 94; Abschied an den Leser, S. 115.
Nach: Insel-Almanach auf das Jahr 1979. Herausgegeben von Horst Günther. Insel Verlag Frankfurt am Main 1978.

GEORG CHRISTOPH LICHTENBERG (1742-1799)
Wie abgeschmackt ist alles ohne dich, S. 29; Das Maß des Wunderbaren, S. 73.
Aus: Gedankenbücher. Herausgegeben und mit einem Nachwort versehen von Franz H. Mautner. Lothar Stiehm Verlag Heidelberg 1967.
Es gibt Leute, S. 61; Wenn ein Buch, S. 114.
Aus: Aphorismen, Essays, Briefe. Herausgegeben und mit einem Nachwort von Kurt Batt. Dieterich'sche Verlagsbuchhandlung Leipzig 1965.
Beschneide du deinen Buchsbaum, S. 63.
Aus: Der Fortgang der Tugend und des Lasters. Daniel Chodowieckis Monatskupfer zum Göttinger Taschenkalender mit Erklärungen Georg Christoph Lichtenbergs. Insel Verlag Frankfurt am Main 1975.

MAGNUS GOTTFRIED LICHTWER (1719-1783)
Bei einer Sonnenuhr (Titel: Der Wandersmann und die Sonnenuhr), S. 90.
Nach: Wem ich zu gefallen suche. Fabeln und Lieder der Aufklärung. Herausgegeben von Ingrid Sommer. Insel Verlag Frankfurt am Main 1976 (it 208).

FRIEDRICH VON LOGAU (1604-1655)
Eines Andern Pein empfinden (Titel: Erbarmung und Barmherzigkeit), S. 74; Schlecht und Recht (Titel: Redlichkeit), S. 100.
Nach: siehe Daniel von Czepko.

CHRISTIAN MORGENSTERN (1871-1914)
Ein Hase sitzt auf einer Wiese (Titel: Vice versa), S. 96.
Aus: Alle Galgenlieder. Insel Verlag Frankfurt am Main 1972 (it 6).

EDUARD MÖRIKE (1804-1875)
Herr, schicke, was du willst (Titel: Gebet), S. 104.
Aus: Werke. Band 1. Insel-Verlag Leipzig 1938.

PETER NADAS (1942)
Was lachst du?, S. 37.
Aus: Ende eines Familienromans. Aus dem Ungarischen von Hans-Henning Paetzke. Suhrkamp Verlag Frankfurt am Main 1979, S. 167.

JACQUES PREVERT (1900)
Hätte ich eine Schwester, S. 29; Welchen Tag haben wir (Titel: Lied), S. 34; Aber mitten auf einem Volksfest (Auszug aus: Los Olvidados), S. 34; Im Kopf hab ich 'ne kleine Meise (Titel: Die kürzesten Lieder . . .), S. 36; Man soll auch zur Erde sehr höflich sein (Auszug aus: Eine Höflichkeit ist die andere wert), S. 43; In der Mauer des Winters jedoch (Auszug aus: Der Pflug . . .), S. 46; Nein, was man heute mit Kindern durchmachen muß (Auszug aus: Hirnloses Köpfchen), S. 46; Man müßte versuchen, S. 51; Gebe zu bedenken (Auszug aus: Vertrauliches Telegramm), S. 57; Und wenn ihr auch auf dem Kriegspfad seid (Auszug aus: Manöver), S. 58; Die Zeit, S. 67; Werden wir Hungers sterben (Titel: Aussperrung), S. 74; Ich spiele Klavier (Auszug aus: Die Drehorgel), S. 97.
Aus: Ein schöner Wal mit blauen Augen. Gedichte. Chansons. Prosa. Herausgegeben und mit einem Nachwort versehen von Joachim Meinert. Mit ausgewählten Originaltexten. © Verlag Volk und Welt, Berlin 1975.

FRANÇOIS RABELAIS (1494-1533)
Und – um es kurz zu sagen, S. 113.
Aus: Gargantua und Pantagruel. Mit Illustrationen von Gustave Doré. Übersetzung auf Grund der maßgebenden französischen Ausgabe, unter Benutzung der deutschen Fassung von Ferdinand Adolf Gelbcke. Insel Verlag Frankfurt am Main 1974 (it 77).

JOACHIM RINGELNATZ (1883-1934)
Ich habe dich so lieb!, S. 25; Reich willst du sein?, S. 50.
Aus: Ringelnatz in kleiner Auswahl. Verlag Karl H. Henssel, Berlin 1955.

FRIEDRICH RÜCKERT (1788-1866)
Zum Propheten kam ein junger Mann, S. 87; Der Vogelfänger fing (Auszug aus: Weisheit aus Vogelmund), S. 91.
Aus: Ausgewählte Werke in sechs Bänden. Herausgegeben und eingeleitet von Philipp Stein. Verlag Philipp Redam jun. o. J.

JOHANNES SCHEFFLER (ANGELUS SILESIUS. 1624-1677)
Die Sonn erregt das All, S. 18; Der Reiche, S. 50; Mensch, du begehrst von Gott, S. 54; Ich weiß nicht, was ich bin, S. 75; Bin ich nicht adelig!, S. 106; Freund, so du etwas bist, S. 112. Nach: siehe Daniel von Czepko.

ANDREAS SCULTETUS (1625-1647)
Ach, glaubt mir (Auszug aus: Friedens Lob- und Krieges Leid-Gesang), S. 44.
Nach: siehe Daniel von Czepko.

BERNARD SHAW (1856-1950)
Wenn ein Mensch etwas tut (Auszug aus: Cäsar und Cleopatra), S. 61; Der Mensch kann auf die höchsten Gipfel steigen (Auszug aus: Candida), S. 71.
Aus: Klassische Stücke in neuen Übersetzungen. Suhrkamp Verlag Frankfurt am Main 1975.
Ich warne Sie, S. 66.
Aus: Wegweiser für die intelligente Frau zum Sozialismus und Kapitalismus. Neu herausgegeben und aus dem Englischen übertragen von Ursula Michels-Wenz. Suhrkamp Verlag Frankfurt am Main 1978.
So etwas wie Nichts gibt es nicht, S. 76.
Aus: Shaw-Brevier. Ein zeitloses Lesebuch für kritische Zeitgenossen. Herausgegeben von Ursula Michels-Wenz. Insel Verlag Frankfurt am Main 1976 (it 159). S. 109, Nr. 341.

THEODOR STORM (1817-1888)
Ach, ein kleines bißchen adlig (Auszug aus: Vom Staatskalender), S. 33.
Aus: Werke. Herausgegeben von Gottfried Honnefelder. Erster Band. Insel Verlag Frankfurt am Main 1975.

LEO N. TOLSTOJ (1828-1910)
Es ist ein sehr gewöhnlicher und weit verbreiteter Aberglaube, S. 98.
Aus: Tolstojs letzte Jahre. Achtunddreißig Fotografien. Texte

ausgewählt und übersetzt von Gisela Drohla. Insel Verlag Frankfurt am Main 1979.

TSCHUANG-TSE
Wer sich an den Menschen erfreut (Auszug aus: Reine Menschen), S. 69; Der Gelbe Kaiser reiste nordwärts (Titel: Die Perle), S. 97.
Aus: Reden und Gleichnisse des Tschuang-Tse. Ausgewählt und mit einem Nachwort von Martin Buber. Insel Verlag Frankfurt am Main 1976 (it 205).

PAUL VALÉRY (1871-1945)
Beinahe alle Bücher, S. 112.
Aus: Windstriche. Aufzeichnungen und Aphorismen. Ausgewählt und übertragen von Bernhard Böschenstein, Hans Staub, Peter Szondi, Suhrkamp Verlag Frankfurt am Main 1971 (BS 294).

ROBERT WALSER (1878-1956)
Liebe ist ein zu schönes Wort (Auszug aus: Wenn Schwache sich für stark halten), S. 33; Wir wünschen ihm und uns (Auszug aus: Die schöne Rittergutsbesitzertochter), S. 36.
Aus: Das Gesamtwerk. Band 9. Herausgegeben von Jochen Greven. Suhrkamp Verlag Zürich und Frankfurt am Main 1978 (werkausgabe es). S. 208, 275.
... und nun bin ich hier (Auszug aus: Einer schrieb), S. 35.
Aus: Band 10. S. 137.
Bist du glücklich? (Auszug aus: Der Liebesbrief), S. 51.
Aus: Band 2. S. 118.
Sorgsam will das Leben (Auszug aus: Der Mechaniker), S. 52; Sich nie satt haben (Auszug aus: Der Mann aus dem Jura), S. 60.
Aus: Band 12. S. 208, 345.

UNBEKANNTE VERFASSER

Wir wollen Freund sein, S. 19; Ob schon die Augen gleich weit voneinander, S. 20; Wieviel Sand in dem Meer, S. 22; Ich wünsche ihr so viel gute Tage, S. 24; Ein Bildchen laß ich malen mir (Auszug aus: Bildchen), S. 31; So lange die Rosse, S. 32. Mehr als alles andere behüte dein Herz, S. 18; Wie goldene Äpfel mit silbernen Schalen, S. 19; Liebe und Treue sollen dich nicht verlassen!, S. 20; Hast du Honig gefunden, S. 25; Ein freundlicher Blick erfreut das Herz, S. 28; Wer viele Gefährten hat, S. 32;

Erwirb Weisheit, S. 42; ... lass sie nicht von deinen Augen weichen, S. 42; Wohl dem Menschen, der Weisheit findet, S. 42; Ein Frohmütiger, S. 53; Verweigere keinem Bedürftigen, S. 54; Sei nicht neidisch, S. 56; Durch Geduld wird ein Richter überredet, S. 56; Der Faule spricht, S. 68; Ein Bruder, an dem man Unrecht getan, S. 77.
Aus: Die Sprüche Salomos. Zitiert nach: Die Heilige Schrift. Miniaturbibel. Nach dem Urtext und mit Berücksichtigung der besten Übersetzungen herausgegeben von Franz Eugen Schlachter. Privileg. Württ. Bibelanstalt/Stuttgart 1926. Kap. 4, Vers 23; 25,11; 3,3; 25,16; 15,30; 18,24; 4,7-9; 3,21/22; 3,13/14; 15,15; 3,27/28; 3,31/32; 25,15; 22,13; 18,19.

Silber und Gold habe ich nicht, S. 18.
Aus: Apostelgeschichte. Zitiert nach: siehe Die Sprüche Salomos. Kap. 3, Vers 6.

Ich wünsch dir all das Beste, S. 23; Und wenn der Himmel papieren wär, S. 24; Ich grüß dich hübsch, S. 28.
Aus: Deutscher Liederhort. Herausgegeben von Ludwig Erk. Leipzig 1890.

Ich möcht für tausend Taler nicht, S. 37; Weißt du was?, S. 80.
Aus: Allerleirauh. Viele schöne Kinderreime versammelt von Hans Magnus Enzensberger. Insel Verlag Frankfurt am Main 1974 (it 115).

Ein echter Narr, S. 60.
Aus: Fliegende Blätter. Eine Auswahl aus dem ersten Jahrzehnt. Herausgegeben von Marianne Bernhard. © Harenberg Kommunikation, Dortmund, 1979, S. 20.

Komm wir wolln in Garten gehn (Titel: Du sollst Vater und Mutter lieben), S. 65.
Aus: Der Garten der Lieder. Ein Buch für Kinder und andere. Darin elf alte deutsche Volkslieder, ausgewählt und illustriert von Anita Albus. Textredaktion und musikalische Bearbeitung von Friedrich Kur. Insel Verlag Frankfurt am Main 1975.

Ein Talmudlehrer sprach (Titel: Zwei Söhne), S. 86.
Aus: Der Born Judas. Legenden, Märchen und Erzählungen.

Gesammelt von Micha Joseph bin Gorion. Neu herausgegeben von Emanuel bin Gorion. Insel Verlag Frankfurt am Main 1973.

Jeder Mensch hat 2 Eltern (Titel: Unsere Voreltern), S. 89.
Als Zeitungsartikel (in welcher Zeitung und wann bis jetzt nicht feststellbar) ohne Namen publiziert. Vermutlich handelt es sich um Bertolt Brecht; diese Vermutung wird noch verifiziert.

Zwei Löwen gingen einst selbhand (Titel: Der Spaziergang im Walde), S. 92.
Aus: Herr Je das Nichts ist bodenlos. Unsinn in Poesie und Prosa. Herausgegeben von Wilhelm Hinck. Ehrenwirth Verlag, München 1968.

Einst wurde ein Bärin auf den Markt geführt (Titel: Der Bärenreiter), S. 93.
Aus: Geschichten aus dem Talmud. Herausgegeben und übersetzt von Emanuel bin Gorion. Insel Verlag Frankfurt am Main 1966.

Wessobrunner Gebet, S. 106.
Nach: Sonne Mond und Sterne, Gedichte, Prosa und Bilder. Ausgewählt von Hans Bender. Insel Verlag Frankfurt am Main 1976 (it 170).

NACH ALTEN TEXTEN

Was soll ich dir schenken?, S. 7; Ich habe mein Herz in deines hineingeschlossen, S. 17; Der Gruß liegt begraben, S. 21; Dank mir für diesen Reim, S. 30; Im Paradiesgärtlein steht ein Baum, S. 30.

BILDNACHWEIS

Die Bilder und Vignetten sind einer Vielzahl alter Bücher und Sammelwerke entnommen.
Namentlich sind folgende Künstler zu nennen:
Das Umschlagbild und das Bild auf S. 59 stammen von Thomas Bewick.
Bertall (S. 18, 25, 28, 29, 34, 37, 44, 46, 52, 53, 67, 70, 92, 108); Wilhelm Busch (S. 39, 48, 49, 109); Ludwig Richter (S. 7, 15, 20, 21, 26, 31, 41, 45, 50, 54, 55, 58, 62, 66, 72, 77, 79, 97, 110, 111, 112).

## *Inhalt*

*Anhang*

## Anthologien
## im insel taschenbuch

Alle Jahre wieder. Ein Weihnachtsbuch mit Geschichten, Liedern und Bildern. Ausgewählt von Gottfried Natalis. it 1362

Alt-Prager Geschichten. Gesammelt von Peter Demetz. Mit Illustrationen von Hugo Steiner-Prag. it 613

Alt-Wiener Geschichten. Gesammelt von Joseph Peter Strelka. Mit sechs farbigen Abbildungen. it 784

Das andere Ferienbuch. Herausgegeben von Vera Pagin und Hans-Joachim Simm. it 1174

Arm und Reich. Geschichten und Gedichte. Ausgewählt von Ralf Borchers. it 1031

Bäume. Das Insel-Buch der Bäume. Gedichte und Prosa. Ausgewählt und herausgegeben von Gottfried Honnefelder. Mit sechzehn Farbtafeln. it 1041

Das Buch der Liebe. Gedichte und Lieder ausgewählt von Elisabeth Borchers. it 82

Ermutigungen. Das Insel-Buch der Tröstungen. Gedichte und Prosa. Ausgewählt von Rainer Malkowski. it 1053

Das Ferienbuch. Literarische Souvenirs, aufgelesen von Vera Pagin und Hans-Joachim Simm. it 1082

Frauenbriefe der Romantik. Herausgegeben und mit einem Nachwort von Katja Behrens. Mit zeitgenössischen Porträts. it 545

Das Frühlingsbuch. Gedichte und Prosa. Herausgegeben von Hans Bender und Nikolaus Wolters. it 914

Geheimnisse des Wassers. Märchen und Geschichten. Gesammelt von Felix Karlinger. it 1331

Das Gespensterbuch. Herausgegeben von Johann August Apel und Friedrich Laun. Ausgewählt von Robert Stockhammer. it 1388

Glück. Erkundigungen, eingeholt von Gottfried Honnefelder. it 1459

Der Golem. Geschichten um eine Legende. Herausgegeben von Franz-Heinrich Hackel. it 1036

Heidelberg-Lesebuch. Stadt-Bilder von 1800 bis heute. Herausgegeben von Michael Buselmeier. it 913

Das Herbstbuch. Gedichte und Prosa. Herausgegeben von Hans Bender. it 657

Das Hundebuch. Geschichten, Gedichte und Bilder von Herren und ihren Hunden. Gesammelt von Gottfried Honnefelder. it 785

Imaginäre Reisen. Herausgegeben von Joseph Peter Strelka. it 1306

Die Insel-Weihnachtskassette. Das Weihnachtsbuch. Das Weihnachtsbuch für Kinder. Das Weihnachtsbuch der Lieder. 3 Bde. in Kassette. it 45/156/157

163/1/8.92

## Anthologien
## im insel taschenbuch

Gerhard Kaiser: Augenblicke deutscher Lyrik. Von Martin Luther bis Paul Celan. it 978

Das kalte Herz und andere Texte der Romantik. Mit einem Essay von Manfred Frank. it 330

Das Katzenbuch. Von Katzen und ihren Freunden. Geschichten, Gedichte, Bilder. Gesammelt von Hans Bender und Hans Georg Schwark. it 567

Liebe Mutter. Eine Sammlung von Elisabeth Borchers. it 230

Liebe und Tod in Wien. Geschichten aus einer Stadt. Herausgegeben von Jean Gyory. it 815

Lieber Vater. Eine Sammlung von Gottfried Honnefelder. it 231

Mütter berühmter Männer. Zwölf biographische Portraits. Herausgegeben von Luise F. Pusch. it 1356

Friedrich Nietzsche: ›Wie man wird, was man ist.‹ Ermutigungen zum kritischen Denken. Herausgegeben von Ursula Michels-Wenz. it 1096

Das Poesiealbum. Verse zum Auf- und Abschreiben. Mit Bildern und Vignetten. Ausgewählt und zusammengestellt von Elisabeth Borchers. it 414

Schleswig-Holstein. Ein Reiselesebuch. Herausgegeben von Dieter-Alpheo Müller und Fred Oberhauser. Mit zahlreichen Abbildungen. it 1393

Schlimme Hexengeschichten. Herausgegeben von Franz Rottensteiner. it 1380

Schwestern berühmter Männer. Zwölf biographische Porträts. Herausgegeben von Luise F. Pusch. Redaktionelle Mitarbeit: Jutta Wasels. it 796

Das Sommerbuch. Gedichte und Prosa. Herausgegeben von Hans Bender. it 847

Sommerferien. Komische, spannende und nachdenkliche Geschichten. Für den Reisekoffer zusammengetragen von Götz Silatan. it 1415

Die Spinne. Ein Lesebuch mit schaurigen und schönen Geschichten. Herausgegeben von Hanne Kulessa. it 1338

Südtirol. Ein literarisches Landschaftsbild. Herausgegeben von Dominik Jost. it 1317

Über die Liebe. Gedichte und Interpretationen aus der ›Frankfurter Anthologie‹. Herausgegeben von Marcel Reich-Ranicki. it 794

Valentinstag. Ein Liebesgruß zum 14. Februar. Geschichten, Gedichte und Bilder. Herausgegeben von Klaus Thiele-Dohrmann. it 1381

Der versiegelte Engel. Erzählungen zu Ikonen. Mit farbigen Abbildungen. Ausgewählt und mit einem Nachwort versehen von Angela Martini-Wonde. it 1132

163/2/8.92

## Anthologien
## im insel taschenbuch

Vom Abschied. Eine Gedichtsammlung. Herausgegeben von Margot Litten. Originalausgabe. it 694

Vom mönchischen Leben. Geschichte einer Sehnsucht. Herausgegeben von Johannes Werner. it 1473

Vom Tod. Ein Lesebuch für jedermann. Herausgegeben von Werner Koch. it 1037

Warum in die Ferne? Das Lesebuch vom Daheimbleiben. Eingerichtet von Hans Christian Kosler. it 1332

Weihnachten. Erzählungen aus alter und neuer Zeit. Ausgewählt von Gottfried Natalis. it 946

Das Weihnachtsbuch. Mit alten und neuen Geschichten, Gedichten und Liedern. Ausgewählt von Elisabeth Borchers. it 46

Das Weihnachtsbuch der Lieder. Mit alten und neuen Liedern zum Singen und Spielen. Ausgewählt von Gottfried Natalis. Mit einem Nachwort von Ernst Klusen. it 157

Westfalen. Ein Reiselesebuch. Herausgegeben von Hans Georg Schwark und Fred Oberhauser. Mit zahlreichen Abbildungen. it 1394

Das Wiener Kaffeehaus. Herausgegeben von Kurt J. Heering. it 1318

Das Winterbuch. Gedichte und Prosa. Herausgegeben von Hans Bender und Hans Georg Schwark. it 728

Wundersame Geschichten von Engeln. Gesammelt von Felix Karlinger. it 1226

163/3/8.92